ALTI SİGMA YÖNTEMİ

ANAHTAR BİLGİLER

* **İsimler:** Altı Sigma, 6 Sigma, 6 σ

* İşletme yönetiminde nitel, nicel ve yapılandırılmış bir yaklaşım **kullanır.**

* **Neden başarılı?** 99,99'un üzerinde bir güvenilirlik için temel iş süreçlerini iyileştirmeye yönelik kesin bir yaklaşımdır. Amaç, bir milyon hata fırsatı başına ortalama 3,4 hata elde etmektir (örneğin 3,8 sigma, milyonda 10.000 hataya karşılık gelir).

* **Anahtar kelimeler:**

  o <u>Müşteriler</u>: bir ürün veya hizmetle ilgilenen tüm aracılar

  o <u>Kusur</u>: ürün kusurları

  o <u>DMAIC</u>: bir ürün veya hizmeti iyileştirmeyi amaçlayan yönetimsel yöntem

  o <u>Standart sapma</u>: bir değişkenin bir eşiğe (ortalamaya) göre değişimi veya dağılımı

  o <u>Proje yönetimi</u>: bir projeyi farklı aşamalarda organize etmek için bir şirket içinde kullanılan yaklaşım

  o <u>Bilgi</u>: ayrıntıları dışarıda bırakmadan, belirli bir duruma ilişkin kapsamlı bir görüş oluşturmak için kullanılan veriler

- Stratejik hedef: elverişli bir pazar konumundan yararlanmayı sağlayan eylemleri içeren hedeflenen denge

- İstatistiksel araç: sayısal bir yaklaşımı takip eden bir veritabanı için analiz yöntemi

- Performans: sayısal sonuç

- Süreç: üretimin farklı aşamaları

- Kalite: bir ürünün tanımlayıcı özellikleri

- Sigma (σ): İstatistikte standart sapmayı temsil eden Yunan harfi.

GİRİŞ

Müşterileri veya işletmeyi yeterince veya hiç tatmin etmeyen bir ürün teklifiyle karşı karşıya kalan işletme, kalitesini somut olarak iyileştirmek için iş akışını (üretim vb.) yeniden gözden geçirmeye karar verebilir. Altı Sigma yöntemi, hem müşterilerin ve çalışanların hem de şirketin memnuniyetini değiştiren kusurları belirlemek için ayrıntılı bir analiz yapıldıktan sonra, yeni hedefleri kalibre etmenize ve bir süreç içindeki varyasyon olasılığını azaltmanıza olanak tanır.

Tarih

1980'lerin ortalarında, ABD'li Motorola şirketi Asyalı üreticilerin, özellikle de Japonların büyük baskısıyla karşılaştı çünkü Asya'daki sistemlerden temelde farklı olan üretim sistemi artık pazarın gerçeklerine uygun görünmüyordu. 1970'ler boyunca Japon fabrikaları dayanıklılık ve güvenilirliğe daha fazla odaklanmış ve bu nedenle kalite unsurlarına (model tasarımı, seçenekler vb.) daha fazla önem veren ABD fabrikalarından daha basit modeller sunmuştur. ABD fabrikaları daha sonra ürünleri kontrol etmek için denetimlere başvurdu (güvenilmez ve pahalı bir yöntem).

Kârlarında bir düşüşle karşı karşıya kalan Motorola yöneticileri daha sonra felsefelerini değiştirmeyi ve kapsamlı bir yönetim sisteminin temelini oluşturmak için istatistiksel araçları liderlik ilkeleriyle birleştirmeyi seçtiler: Altı Sigma. Ürünlerin kalitesi anında arttığı için sonuçlar hemen görüldü. Süreç 1990'larda yayılmaya başladı ve bu yönetim yönteminin faydalarını hızla deneyimleyen General Electric tarafından benimsendi.

Günümüzde çoğu büyük şirket bu sistemi tercih etmiştir: Caterpillar, Kodak, SFR, vb. Altı Sigma iş uygulamaları açısından bir kalite standardı haline gelmiştir ve dünya çapında birçok işletme okulunda öğretilmektedir.

Modelin tanımı

Altı Sigma, bir şirketin işleyişini (daha düşük maliyetle üretim, yönetim vb.) iyileştirmeyi ve müşteriler için ürün veya hizmetlerin kalitesini (%99.99 güvenilirlik) sağlamayı amaçlayan, istatistiksel olarak doğrulanmış gerçeklere dayanan analitik bir yaklaşımdır. Bu yöntem adını belirli bir istatistiksel araçtan alır: Yunan harfi σ ile temsil edilen standart sapma. Aslında Altı Sigma, müşteri ve şirket tarafından beklenen bir 'kalite aralığında' (yani ortalamadan en fazla 3 σ uzakta) bir ürün sağlamak için süreç analizini kullanır. Bu, şirketin süreçteki varyasyon ve kusurları sınırlamasına olanak tanır.

TEORİ

Ürünlerini geliştirmek için bu kalite yönetimi yöntemini kullanan şirketler üç önceliğe odaklanır: müşteriler, çalışanlar ve süreçler. Müşterilere öncelik vermek, onları tanımlayabileceğiniz, beklentilerini bilebileceğiniz ve şirketin onlar için sağlayabileceği katma değeri öngörebileceğiniz anlamına gelir. Bu çok açık gibi görünse de pek çok şirket kârın müşteri memnuniyetinden geldiğini unutmaya meyillidir. Diğer iki öncelik de şirketin kaygılarının merkezinde yer almalıdır, çünkü bunların ihmal edilmesi dolaylı olarak müşteriler arasında hoşnutsuzluğa neden olabilir – bu üç alan birbiriyle bağlantılıdır.

Altı Sigma iki metodoloji izlemektedir. Bunların kullanımı, şirketin üretimini genişletmek istediği bağlama bağlıdır: bir ürünün genişletilmesi veya oluşturulması.

DMAIC

Mevcut bir ürün veya hizmetin sonuçlarını iyileştirmek için Altı Sigma uygularken, 'DMAIC' adı verilen aşağıdaki sürece uymanız gerekir:

- **Tanımlama**. Müşterilerin, beklentilerin, proje geliştirme aşamasının, genel sürecin ve finansal sonuçların düzenlenmesi için özel önlemler içeren ekip tüzüğünün tanımlanması.

- **Ölçün**. Süreçle ilgili verileri (kusurları) ölçün ve toplayın.

- **Analiz edin**. Mevcut durumla ilgili sorunları tespit etmek için toplanan verileri ve süreci analiz edin.

- **İyileştirin**. Potansiyel çözümleri belirlemek için yenilik yapın, ardından süreç performansını etkili bir şekilde iyileştirip iyileştirmediklerini görmek için bunları küçük ölçekte uygulayın.

- **Kontrol**. İyileştirmenin daha büyük ölçekte gerçekleşmesini sağlamak için bir planın kontrol edilmesi, detaylandırılması ve uygulanması.

DMADV

DMAIC metodolojisi mevcut bir ürün veya hizmeti iyileştirmek için kullanılır. Yeni bir ürün veya hizmetin geliştirilmesi ve tasarlanması durumunda başka bir metodoloji kullanılır: 'DMADV' (Define, Measure, Analyse, Design and Verify).

DMADV'deki Tasarım aşaması, ürünün yapılmasını veya hizmetin oluşturulmasını içerir. Ekip ürün uyumluluğunu sağlar.

ALTI SİGMA NEDİR?

Teknik düzeyde Altı Sigma değişkenlik teorisine dayanır; bu da çan şeklinde bir eğri izleyen sürekli bir ölçekle (ağırlık, boy, oran, vb.) karşılaştırıldığında her şeyin istatistiksel olarak ölçülebilir olduğu anlamına gelir.

'Gauss eğrisi' olarak adlandırılan bu eğri simetriktir ve ölçülen şeyin neredeyse %100'ünü temsil eder. Yunan harfi σ (sigma) ile işaretlenmiş standart sapmalar değişkenliği tanımlayan çeşitli bölümlere ayrılabilirken, μ (mu) harfi ile temsil edilen eksen her sürecin yaklaştığı ortalamadır. Bu değişkenlik ne kadar zayıf olursa, üretim hedefe yakın değerlerle o kadar tutarlı olur.

Altı Sigma uygulaması mevcut performansın ölçülmesini içerir ve bunu yapmak için gerçek ortalama ile ürün veya hizmetin mükemmelliğini gösteren ve dolayısıyla dolaylı olarak ortalama müşteri memnuniyetini gösteren μ ortalaması arasındaki sigmanın belirlenmesi gerekir. Müşteri memnuniyetsizliği, optimum memnuniyet seviyesinden uzaklıkla gösterilen bir kusur olarak düşünüldüğünde, Altı Sigma bir milyon fırsat başına sadece 3,4 kusur olacağı anlamına gelir. Bu bağlamda şirket, mükemmele yakın bir kalite elde etmek için müşteriyi tatmin eden kaliteye odaklanır: μ eğrisinin tepesi. İstatistiksel olarak varyans negatif olamaz. Negatif ve pozitif sigma sadece müşteriyi tatmin eden maksimum ortalama kalite ile ürün arasındaki mesafeyi ifade eder.

Bu nedenle Altı Sigma (iyi süreç yönetimi yoluyla) şirketin en iyi performans seviyelerine ne kadar yakın olduğunu belirlemek için kullanılabilir.

Ancak Altı Sigma teknik bir araç olarak görülmemelidir. Bu yöntemi uygulamayı seçen şirketler, bunu mükemmele yakın bir sonuç elde etmek ve performansı sürekli iyileştirmek için yapılması gereken her şeyi anlamalarını sağlayan bir fırsat olarak görmelidir.

Elbette, bir şirket sigmasını ölçmeye başladığında, özellikle de birçok performansın optimumdan türeyen bir aralıkta (mutlak değeri 1 veya 2 σ olan bir seviyede) yer aldığını fark ederse, hızla cesareti kırılabilir. Ancak bu yöntemi, elde edilen sonuçlara ilişkin bir 'sürekli memnuniyetsizlik politikası' olarak düşünmek gerekir. Aslında, tüm çalışanları varyasyonları sürekli olarak azaltmaya teşvik eder.

PROJE OYUNCULARI

Yukarıda özetlenen prosedürlerin ötesinde, Altı Sigma uygulamasının çeşitli aşamalarında kullanılan diğer araçların (beyin fırtınası, diyagramlar, vb.) sürecin sürekli iyileştirilmesi ve devam ettirilmesi için katkısını göz ardı etmemeliyiz. Özellikle, toplumdaki çeşitli aktörler tartışmalara katılır ve yukarı akış yönteminin detaylandırılması üzerinde çalışır.

İlk olarak, **şirketin** başındaki kişi, Altı Sigma felsefesinin benimsenmesine ve en başından itibaren tüm organizasyona yayılmasına bir şekilde dahil olmalıdır. İyileştirme sürecini uygulamaktan sorumlu ekip, onların tam desteği olmadan başarılı olamaz. Altı Sigma projeleri üzerinde çalışan kişiler genellikle kuruluşun en yetkin alanlarının bir parçasıdır. Hiyerarşi aşağıdaki gibi oluşur:

- **Şampiyonlar** projenin garantörleridir. Kara Kuşakların üzerinde çalışacakları iyileştirme projelerini seçmelerine, potansiyellerini tahmin etmelerine ve şirketin ürünlerini rakiplerinkine kıyasla değerlendirmelerine yardımcı olurlar. Şampiyonların rolü Altı Sigma projelerinin denetimini, desteğini ve finansmanını sağlamak ve bunları uygulamak için gereken personeli yönetmektir. Onlar projenin temel direkleridir ve bu yüzden en iyi insanlar arasından seçilirler.

- **Kara Kuşaklar** proje liderleridir ve proje üzerinde tam zamanlı çalışan tek kişilerdir. Görevlerini daha iyi tanımlamak ve Altı Sigma'ya giden DMAIC metodolojisinin beş aşamasını doğrudan uygulamak için önceden eğitim almaları nadir değildir.

- **Yeşil Kuşaklar,** projenin tamamlanmasında Siyah Kuşaklara yardımcı olur. Ayrıca ekibin aynı dili konuşmasını ve dolayısıyla ortak bir hedef doğrultusunda çalışmasını sağlamak için eğitim alırlar.

Altı Sigma, piramidin tabanı kadar tepesini de ilgilendiren ilk yönetim yöntemidir. İşletmeye belli bir dinamik getiren bir süreçtir.

SINIRLAMALAR VE GENİŞLETMELER

SINIRLAMALAR VE ELEŞTİRİLER

Altı Sigma, onu benimseyen birçok şirket tarafından kaydedilen performanslar sayesinde genellikle devrim niteliğinde ve güçlü bir yönetim aracı olarak görülmektedir. Bununla birlikte, tüm yöntemler gibi, hem metodolojik hem de terminolojik olarak bazı sınırları vardır. Ayrıca, diğer pek çok ekonomik konuda olduğu gibi, teorik ve pratik yönleri arasında da fark vardır. Altı Sigma uzmanı Amerikalı ekonomist George Eckes, yöntemin uygulanması sırasında sıklıkla gözlemlenen hatalara dikkat çekmekte ve bazı önerilerde bulunmaktadır:

- **Kalite iyileştirmenin sadece istatistiklerin iyileştirilmesinden kaynaklanmadığını göz önünde bulundurun.** Titizlik ve disiplin önemli varlıklar olabilir, ancak bir sürecin düzgün yönetimi ve iyileştirilmesi için gerekli tüm araçları kapsamazlar. Altı Sigma bir dizi tamamlayıcı alanı bir araya getirir ve hem bir aktör (şirket içindeki çalışanlar) hem de bir hedef (memnun edilmesi gereken müşteriler) olan insani yönü hiçbir durumda ihmal etmez. Bu yön, bir işletme içindeki uygulamalar sırasında genellikle göz ardı edilir. is

- **Maliyetleri azaltmanın iyileştirme sürecinin sadece bir adımı olduğunun farkına varın.** Altı Sigma stratejik amaçlar için maliyet azaltımlarını programlamaktan ibaret değildir. Aksine bu yöntem, bilinen maliyetleri hesaplayan ve müşteri üzerindeki etkiyi ihmal eden bir muhasebe yaklaşımı yerine, şirket hedeflerini müşteri beklentilerine yeniden odaklayarak verimliliği ve etkinliği savunur.

- **İyileştirmeyi iş tanımlarına dahil ettiğinizden emin olun.** Altı Sigma'yı uygulamak için bir şirketteki bir süreci yeniden düzenlemek her zaman kolay değildir. Çalışanlar veya işçiler genellikle böyle bir yeniden değerlendirme için zamanları olmadığını düşünür ve şirkete zaten yeterli zaman ayırdıklarına inanırlar. Oysa şirket için harcadıkları zamanın bu 'fazlası' genellikle verimsizlik ve etkinsizlikten kaynaklanmaktadır. Bu durum çalışanın isteksizliğinden değil, sürecin kendisinden kaynaklanmaktadır.

- **Ekip dinamiğinin proje başarısızlığının önde gelen nedenlerinden biri olduğunu unutmayın.** Ekip dinamiklerini yönetmek kolay gibi görünse de, bu başarısızlığın ana kaynaklarından biridir. Bu nedenle sağlam bir temel oluşturmak önemlidir. Bunu yapmak için, proje yöneticisi projenin içini ve dışını net bir şekilde açıklamalıdır. Toplantı denetimi, gündemin belirlenmesi ve ilgili rol ve sorumlulukların belirlenmesi, projenin sallantılı bir zeminde başlamamasını sağlamak için başlangıç noktalarıdır.

- **Siyah Kuşakların çalışmalardan tamamen sorumlu olmadığını göz önünde bulundurun.** Siyah Kuşakların ekip liderleri olması amaçlanmıştır. Yukarıda açıklandığı gibi, genellikle iyileştirme araç ve tekniklerinin kullanımı konusunda eğitilmiş kişilerdir - neredeyse operasyonel liderler gibi. Tehlike, herkesin (şirket liderleri de dahil olmak üzere) Altı Sigma'yı başlatmak için yerli uzmanların orada olduğunu düşünerek kendilerini projenin sorumluluklarından ayırmaları gerçeğinde yatmaktadır. Ancak, bir şirketin düzgün işleyişi ekip çalışmasından gelir ve tüm hiyerarşik yönetim pozisyonları buna dahildir.

- **Altı Sigma'yı süreklilik içinde bir iyileştirme olarak düşünün.** Yöntemin ilkelerinden biri, şirkette bir verimsizlik veya etkisizlik sorunu ortaya çıkar çıkmaz Altı Sigma'dan sorumlu bir ekip oluşturmak değil, süreklilik içinde çalışmak ve sürekli olarak kaliteli bir süreç sağlamaktır.

- **Yönetimi aktif bir oyuncu olarak düşünün.** Altı Sigma'nın işe yaraması için şirketin liderleri ellerini kirletmeli ve kendilerini şirketin çalışmalarına katılan kişiler olarak görmelidir. Üst yönetim, kültürel olgunun işletme yönetiminde önemli bir unsur olduğunun farkındadır. Altı Sigma'nın güçlü yanlarından biri, tüm hiyerarşik düzeylerde proaktif bir tutumu teşvik etmesidir.

- **İşletme yönetimindeki değişikliklerin farkında olun.** Stratejik seviyelerdeki değişiklikler şirket tarafından iyi yönetilmezse, potansiyel sonuçlar düşük kalacaktır.

İLGİLİ MODELLER VE UZANTILAR

Yalın Altı Sigma (LSS)

Yalın Altı Sigma (LSS), Altı Sigma'nın giderek önem kazanan bir uzantısıdır. Altı Sigma esas olarak ürünün kendisine odaklanırken, LSS daha çok üretim sürecine odaklanmaktadır. İlgili bu model, daha etkin bir sürecin oluşturulması için gereken çalışma süresini ve bekleme sürelerini azaltmanızı sağlar.

Bu modelin stratejik hedefleri şunlardır:

- süreç görevlerinin katma değerinin artırılması;

- Katma değeri olmayan faaliyetleri ortadan kaldırarak sürecin zamanını ve maliyetini azaltmak;

- süreçleri daha akıcı hale getirir;

- Müşterilere göre ürünlerin kalitesini iyileştirmek;

- Şirket içinde sürekli iyileştirme kültürünün geliştirilmesini teşvik etmek.

Ana faaliyet alanları şunlardır:

- değeri tanımlamak ve onu yaratan adımları belirlemek;

- İsraf ve gizli maliyetlerin belirlenmesi ve ortadan kaldırılması;

- Sürecin adımlarını takip ederek varyasyon kaynaklarının kontrolü.

Toplam Kalite Yönetimi (TKY)

Toplam Kalite Yönetimi, Altı Sigma'dan daha eski bir kalite yönetimi yaklaşımıdır. Ortak amaçları, israfı azaltırken ve performans yoluyla nihai ürünü iyileştirirken mükemmel kaliteye ulaşmak için tüm şirketi harekete geçirmektir. TKY müşteriye – memnuniyet ve sadakat – odaklanır, ancak burada kalite kontrol ve öz denetim uygulaması esastır.

Modelin metodolojisi aşağıdaki gibidir:

- **Planlama.** Stratejik hedeflerin ve program iyileştirme planlarının geliştirilmesi.

- **Do.** İyileştirilmiş üretim süreçlerinin uygulanması ve hayata geçirilmesi.

- **Kontrol edin.** Memnuniyet analizi ve ürünün kalite kontrolü.

- **Hareket.** Maliyetlerin ve israfın düzeltilmesi ve üretim aşamalarının kontrolü.

ABD'li proje yöneticisi Frank Anbari'ye göre Altı Sigma, finansal sonuçlar sağladığı ve gelişmiş analiz araçları ile yönetimsel yöntemleri birleştirdiği için TKY'den daha eksiksiz ve kapsamlıdır. Ayrıca iki metodoloji arasındaki ilişkiyi de özetlemektedir: Altı Sigma = TKY + müşteri odaklılık + tamamlayıcı veri analiz araçları + finansal sonuçlar + proje yönetimi.

PRATİK UYGULAMA

TAVSİYELER VE EN İYİ İPUÇLARI

Şimdi yukarıda ana hatları verilen DMAIC metodolojisini bir şirket içindeki katkılarını pratik olarak görselleştirmek için uygulayacağız. Bir şirketin Altı Sigma gibi stratejik bir dönüşümü başlatabilmesi için aşağıdaki beş adımı bir kılavuz olarak etkin bir şekilde entegre etmesi gerekir.

- **İyileştirme için ulaşılacak hedefi tanımlayın.** Bu adım, tüm üyelerin aynı yönde ilerlemesi için ekibe rehberlik etmenizi sağlar. Ayrıca sürecin farklı aşamaları arasındaki bağlantıların analiz edilmesini ve dolayısıyla ürün iyileştirme, müşteri ihtiyaçlarının belirlenmesi ve beklenen sonuçların tahmin edilmesi çalışmalarını destekler. Projeyi objektif olarak tanımlamak ve bir veri tabanı ile ölçmek önemlidir. Veri toplama aşaması çok önemli bir adımdır çünkü tüm proje için bir çalışma temeli görevi görür.

- **Mevcut üretim ortalamasını ölçün.** Sürecin ne üretebildiğini ölçmek ve kusur sayısını değerlendirmek hayati önem taşır. Böylece Siyah Kuşaklar kusurların sıklığını bilir ve rekabetle karşılaştırma yapabilirler. Sürecin kilit unsurlarına, yani kalite üzerinde en büyük etkiye sahip olanlara odaklanmak önemlidir. Bu adım, mevcut ortalama ile ulaşılması gereken mükemmel ortalama olan hedef arasındaki farkı görmek için faydalı olan sigmayı, yani sürecin standart sapmasını ölçmeyi mümkün kılar.

- **Farklılığa neyin neden olduğunu belirlemek için daha fazla analiz yapın.** Elde edilen rakamlar, süreçlerin performansını kendi yeteneklerine ve rakiplerin yaptıklarına göre değerlendirmek için analiz edilir. Bu adımın amacı performans boşluklarını (yani bugün yapılanlar ile gelecekte yapılabilecekler arasındaki farkları) hesaplamaktır. Bu nedenle elde edilen ölçümleri analiz etmeli, kök nedenleri aramalı, doğrulamalı vb.

- **Standart sapmayı doldurmak ve ortalamayı yükseltmek için inovasyon yapın.** Bu adım sırasında, süreçte mevcut olan boşlukları kapatmak ve müşterilerin performans beklentilerine daha fazla yanıt vermek için potansiyel çözümler önerilmelidir.

- **Yeni performansı kalite açısından kontrol edin.** Bu son aşamada, elde edilen kalite düzeyini korumak ve verimli ve sürekli bir geliştirme süreci sağlamak için son kontroller yapılmalıdır. Bunu yapmak için Kara Kuşaklar, iş akışında yeni kurulan kilit unsurları korumak için belirli eylemler uygular. Ayrıca ekiplerin süreci iyi takip ettiklerini kontrol etmeli, sonuçları ölçmeli ve planın işleyişini doğrulamalıdırlar. Yeni bir sorun ortaya çıkarsa, Kara Kuşaklar ve ekipleri hemen geri dönebilmeli ve süreci yeniden işleyebilmelidir.

Tüm bu adımları özetlemek gerekirse, projeyi tanımlamalı, mevcut performansı ölçmeli, analiz yoluyla sorunları belirlemeli, ilgili çözümlerle yenilik yapmalı ve sorunun gerçekten çözüldüğünden emin olmak için yeniden yapılandırılan süreci kontrol etmelisiniz.

 **BILDIĞIM IYI OLDU**

Amerikalı ekonomist George Eckes'e göre, kalitenin stratejik dönüşümünü doğru bir şekilde gerçekleştirmek ve süreci etkin bir şekilde yönetmek için sekiz pratik adımı dikkate almakta fayda vardır:

Stratejik hedeflerin bir anlaşmasını işbirliği içinde tanımlamak;

Genel süreçleri, temel alt süreçleri ve uygulama süreçlerini oluşturun;

süreçlerin Siyah Kuşaklarını atayın;

Farklı ekiplerin süreç boyunca adımları ve hedefleri tanımladığı bir strateji oluşturmak;

Seçilen puan kartı için gerekli verileri toplamak;

Proje seçim kriterlerinin tanımlanması;

bu kriterleri kullanarak projeleri seçer;

Şirketin stratejik hedeflerine ulaşmak için süreci sürekli yönetir.

ÖRNEK OLAY İNCELEMESİ

X şirketinin projesi, ileriye dönük satış tahminleri yapabilmeleri için satıcılara yönelik bir karar-destek aracının (veritabanı) geliştirilmesini içermektedir.

Proje tanımı ve proje oyuncuları

Bu proje, birçok satıcının güncelleme eksikliği nedeniyle güvenilmez olduğu düşünülen bu veri tabanından memnun olmaması nedeniyle hayata geçirilmiştir. Araç, satışları doğru tahmin etmelerine izin vermemektedir. Projeyi ve ayrıca ana oyuncuları tanımlamak için çok sayıda görüşme ve çalışma yapılmıştır:

- Öncelik, sorunun ve karar-destek aracını geliştirmek için gerekli süreçlerin tanımlanmasına verilir. Bizim durumumuzda bu, gelecekteki finansal riskleri tahmin etmenin güvenilir bir yolunu bulmayı içermektedir.

- 'Paydaş analizi' adı verilen bir araç (teknik işbirliği ve savunuculuk hakkındaki AB eğitim modülünden alınmıştır), farklı oyuncuları ve/veya departmanları konumlandırarak bir şablon oluşturmanızı sağlar: finans departmanı, satış departmanı ve BT departmanı. Bir ızgara ile gösterilen şablon, paydaşları ilgi alanlarına ve güçlerine göre (düşükten yükseğe) düzenler ve hedef açısından tutumlarını, etkilerini ve önemlerini tanımlar.

Dahası, projenin başarılı bir şekilde yürütülebilmesi için, şirketin – BT departmanı da dahil olmak üzere – isteksiz olan ve bunun gereksiz bir adım olduğuna inanan bazı departmanları da ikna etmesi gerekiyor.

Süreç yeteneğinin ölçülmesi ve analiz edilmesi

Yeni bir süreç tanımlamadan önce, ekip veri tabanının sorumluluğunu almalı ve mevcut bilgileri ve adımları listelemeli, ardından ideal aracın potansiyel katma değerini araştırmalıdır. Başka bir deyişle, boşlukları belirlemek ve veri kalitesini artırmak için ürünlere, ürün hattına, satış tarihine vb. göre bir analiz yapılması gerekir.

Daha sonra, veri kalitesi açısından üstün bir performans elde etmek için iyileştirme sürecinin yeterince temsil edici bir bölümünü oluşturan dahili bilgileri (satış, envanter, ürün kalitesi vb.) bulmalıyız. Proje üzerinde çalışan ekip, analiz etmek ve satış ekipleriyle hangilerinin inkar edilemez derecede güvenilir olduğunu kontrol etmek için 100 lot veri çıkarır.

Bu, sahadaki gerçekleri gözlemlemek için işletmenin bulunduğu ülkenin toplam nüfusunun temsili bir kısmına karşılık gelen bir örneklem belirler. Bu nedenle, Kara Kuşaklar birkaç gün boyunca verileri manuel olarak doğrulamak ve faturalarla karşılaştırmak için satış ekipleriyle birlikte çalışır. Bulgular hemen ortaya çıkmaz: faturalar arasında eksik, mükerrer veya hatalı olanlar olabilir.

Ekip daha sonra mevcut performansı ve Altı Sigma sistemi aracılığıyla uygulanacak yeni önlemlerle elde edilecek performansı belirlemekten sorumludur. Spesifik olarak, 4,5 sigmadan 6 sigmaya geçerek 1,5 sigmalık bir düzeltme hedeflemektedir.

Görüldüğü üzere 4,5 sigmadan 6 sigmaya geçiş, hata oranında önemli bir düşüşe neden olmakta ve sonunda %99,99'luk bir güvenilirlik oranına ulaşılmaktadır (yani aşağıda hacim olarak ifade edilen milyon başına 3,4'lük meşhur hata oranı).

Verileri inceledikten sonra uzmanlar, veri kalitesini etkileyen ana kusuru, yani aracın satıcılar tarafından yanlış kullanıldığını tespit eder. Bu bir dizi faktörden kaynaklanmaktadır:

- çok fazla kişi bilgiyi kodlayabilir, ancak hiçbir sorumluluk tesis edilmez;

- pek çok kişi ilgisizlik ve yanlış bilgilendirilmiş veriler gözlemlemektedir.

Nispeten karmaşık olan veri tabanı, vardiya değişikliklerinden ve bu tür bir araç konusunda eğitim almamış kişilerin hassas olmayan kullanımından muzdariptir. Daha sonra hata fırsatlarını veya kaynaklarını ölçtüler:

- beceriksiz insanlar bilgi giriyor;

- yanlış kodlanmış veriler.

Tavsiyeler

İşte önerilen çözümler:

- Veri tabanına erişim oturumları oluşturun ve bunlardan yararlanabilecek kişileri belirleyin;

- ilgili kişiler için belirli alanları zorunlu hale getirin.

Bu önerileri uygulamak için ekiplerin yeniden odaklanması gerekir: yalnızca satıcı ekibi veritabanına erişebilirken, BT ekibi kullanıcılar (satıcılar) tarafından gerekli alanların tanımlanmasından sorumludur. BT ekibi daha sonra gerekli araçları hızla uygularken satış ekibi daha suskun kalır. BT ekibinin yöneticisi daha sonra en iyi satıcıyı (kodlanan tarihin kalitesi daha iyi olan) belirleyecek ve onu primle ödüllendirecek bir teste (iki aylık bir süre boyunca) eşdeğer bir teşvik planı sağlar.

Yeni sürecin izlenmesi

Bu testin ardından, bu yeni veri kodlama yönteminin güvenilirliğini doğrulamak için önlemler alınır. Bunlar arasında birçok istatistiksel araç (ortalama ve standart sapma gibi) bulunmaktadır. Çok önemli olan bu son kısım, zaman yetersizliği nedeniyle genellikle göz ardı edilir ve bu da başlangıçta iyi yürütülen bir dizi projeyi baltalamaktadır.

ÖZET

- Altı Sigma işletmeler için istatistiksel bir yaklaşımdır. Müşterileri, geliştirilmiş ürün kalitesiyle cezbetmek için merkezi bir endişe haline getirir.

- Üç öncelik vardır: müşteriler, çalışanlar ve süreçler.

- Otuz yıldır Motorola, General Electric, Kodak ve SFR gibi şirketler Altı Sigma'yı iyileştirmek ve rekabet avantajı kazanmak ya da sürdürmek için kullanmaktadır.

- Altı Sigma hedefine ulaşıldığında, ki bu pratikte gerçekleşmez, neredeyse mükemmel bir güvenilirlik derecesi vardır: Bir milyon hata fırsatı başına 3,4 hata (yani %99,99 güvenilirlik).

- Altı Sigma felsefesi, zaman içinde sürdürülen sürekli bir yeniden değerlendirmeyi teşvik eder (mükemmelliğin amansız takibi).

- Yöntemin uygulanmasının başarılı olması için tüm şirketin katılımı gerekir.

- Altı Sigma sadece teknik yönleriyle (maliyet azaltma vb.) ele alınırsa başarısız olabilir.

- Değişim şirket içinde iyi yönetilmezse olası sonuçlar düşük kalır.

- Yalın Altı Sigma, üretim sürecine daha fazla odaklanan yöntemin bir uzantısıdır.

- Yaklaşımın başarılı olmasını sağlamak istiyorsanız, DMAIC metodolojisinin adımlarını dikkatle takip etmeniz önemlidir.

DAHA FAZLA OKUMA

KAYNAKÇA

Ait Belkacem, E. H. (2005) *Puissance Six Sigma*. Paris: Dunod.

Atmaca, E. ve Gineres, S. S. (2013) Yalın Altı Sigma Metodolojisi ve Uygulaması. *Kalite ve Miktar*. 47(4).

Berger, A. (2002) Six Sigma : un échelon en plus de la productivité ? *Dossier technique des pays de Savoie*.

Eckes, G. (2001) *Objectif Six Sigma. La révolution dans la qualité*. Paris: Pearson.

Kwak, Y. H. ve Anbari, F. T. (2006) Altı Sigma Yaklaşımının Faydaları, Engelleri ve Geleceği. *Technovation*. 6(5-6).

Larson, A. (2003) *Demystifying Six Sigma: Sürekli İyileştirmeye Şirket Çapında Bir Yaklaşım*. Amacon: Amerikan Yönetim Derneği.

Linderman, K., Schroeder, R. G., Zaher, S. ve Choo, A. S. (2003) Six Sigma: a Goal-Theoretic Perspective. *Journal of Operation Management*. 21(2).

Pande, P. S., Neuman, R. P. ve Cavanagh, R. R. (2000) *The Six Sigma Way. GE, MOTOROLA ve diğer en iyi şirketler performanslarını nasıl geliştiriyor?* New-York: McGraw-Hill Şirketleri.

Truscott, W. T. (2003) *Altı Sigma: İşletmeler için Sürekli İyileştirme*. Oxford: Butterworth Heinemann.

Sizden haber almak istiyoruz!
Çevrimiçi kütüphaneniz hakkında yorum bırakın
ve favori kitaplarınızı sosyal medyada paylaşın!

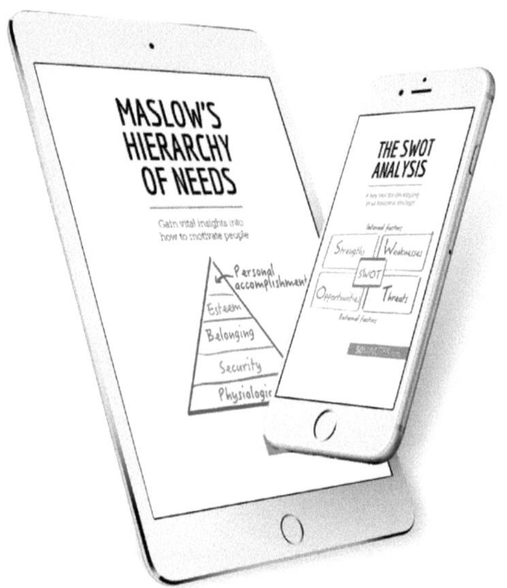

IMPROVE YOUR GENERAL KNOWLEDGE
IN THE BLINK OF AN EYE!

www.50minutes.com

Yayıncı, yayınlanan bilgilerin güvenilirliğini garanti eder,
ancak sorumluluğunu üstlenemez.

Ana ISBN : 9782808600699
Kağıt ISBN : 9782808602143
Yasal depozito: D/2022/12603/215

Dijital tasarım: Primento, yayıncıların dijital ortağı.